2 Decamps.   1870 – Mai – 20-21

AF312534

CATALOGUE

D'UNE IMPORTANTE COLLECTION

D'AQUARELLES

DES ÉCOLES

FRANÇAISE, ANGLAISE, BELGE ET HOLLANDAISE

Composant les Portefeuilles

De M. J. R*** Amateur étranger

DONT LA VENTE AURA LIEU

HOTEL DROUOT, SALLE N° 8

Les Vendredi 20 et Samedi 21 Mai 1870

A DEUX HEURES PRÉCISES

Exposition publique : le Jeudi 19 Mai 1870

DE UNE HEURE A CINQ HEURES

COMMISSAIRE PRISEUR	EXPERT
M⁰ **CHARLES PILLET**,	**M. FRANCIS PETIT**
10, rue Grange-Batelière,	7, rue Saint-Georges.

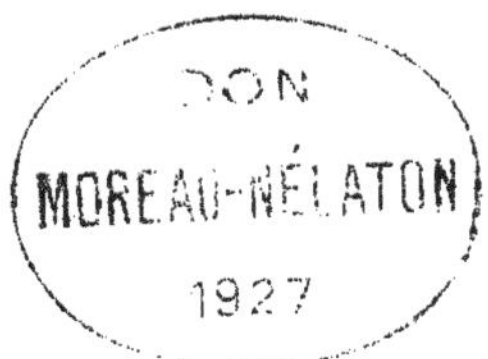
DON
MOREAU-NÉLATON
1927

CATALOGUE

D'UNE IMPORTANTE COLLECTION

D'AQUARELLES

DES ÉCOLES

FRANÇAISE, ANGLAISE, BELGE ET HOLLANDAISE

Composant les Portefeuilles

De M. J. R*** Amateur étranger

DONT LA VENTE AURA LIEU

HOTEL DROUOT, SALLE N° 8

Les Vendredi 20 et Samedi 21 Mai 1870

A DEUX HEURES PRÉCISES

Exposition publique : le Jeudi 19 Mai 1870

DE UNE HEURE A CINQ HEURES

COMMISSAIRE PRISEUR
Mᵉ CHARLES PILLET,
10, rue Grange-Batelière,

EXPERT
M. FRANCIS PETIT
7, rue Saint-Georges.

CONDITIONS DE LA VENTE

Elle sera faite au comptant.

Les acquéreurs payeront, en sus des adjudications, *cinq pour cent*, applicables aux frais.

Paris. — Typ. PILLET fils aîné, ... rue des Grands-Augustins

DÉSIGNATION

ÉCOLES FRANÇAISE ET ANGLAISE

BEAUME

1 — Intérieur d'une école de garçons. — Aquarelle.

2 — Chasse au renard. — Aquarelle.

BEAUMONT

(ÉDOUARD DE)

3 — Deux embarcations échangeant leur feu. — Aquarelle.

4 — Le colin-maillard. — Aquarelle.

5 — Domino rose. — Aquarelle.

6 — *A foim bébé!* scène de carnaval. — Aquarelle.

BELLANGÉ

(HIPPOLYTE)

7 — L'empereur Napoléon Ier parcourant à cheval un champ de bataille. — Aquarelle.

8 — Dragon français arrêté à la porte d'une posada, en Espagne. — Aquarelle.

9 — Brauwer payant son écot au cabaret. — Aquarelle.

10 — Un officier sous la république. — Aquarelle.

BÉNARD

11 — Voiture de pierres attelée de cinq chevaux sortant d'une carrière. — Aquarelle.

BIDA

12 — La rencontre à la fontaine. — Dessin.

BONINGTON

13 — Pêcheurs de Calais. — Aquarelle.

BRASCASSAT

14 — Combat de taureaux. — Sépia.

CALAME

15 — La digue rompue. — Aquarelle.

16 — Sapins dans les rochers (Suisse). — Dessin.

CALLOW

(WILLIAM)

17 — Bords du Rhône. — Aquarelle.

CALLOW

(JOHN)

18 — Le *Great-Eastern* dans les eaux de la Tamise. — Aquarelle.

CATTERMOLE (1830)

19 — Banquet dans la grande salle d'un monastère. — Aquarelle.

CHARLET

20 — Cuirassier jouant avec des enfants. — Aquarelle.

21 — Intérieur d'un hôpital militaire. — Aquarelle.

22 — Une séance de conseil. — Dessin.

COGNIET

(LÉON)

23 — Femme suisse et petite fille au bord d'un lac. — Aquarelle.

COIGNET

(JULES)

24 — Fort de Beyrouth. — Aquarelle.

COUTURE

25 — Figure pour l'Amour de l'or. — Croquis à la plume.

CUTBERT

26 — Vue à Angoulême. — Aquarelle.

DECAMPS

27 — Intérieur turc. — Aquarelle.

28 — Chiens en chasse. — Aquarelle.

29 — Jeune fille de l'Oberland. — Dessin.

30 — Petit pâtre. — Dessin.

31 — Paysage. — Fusain.

DE DREUX
(ALFRED)

32 — Chevaux au vert. — Aquarelle.

DELACROIX
(AUGUSTE)

33 — Promenade sur la terrasse d'un parc. — Aquarelle.

DELAROCHE

(PAUL)

34 — Le président Mathieu Molé traversant les barrica-
des pendant les troubles de la Fronde.
Composition importante. — Aquarelle.

35 — Deux petits portraits d'hommes. — Sépia.

DIAZ

36 — Paysan assis devant une cheminée et lisant. —
Aquarelle.

DUVAL LE CAMUS

37 — Le médecin de campagne. — Aquarelle.

COPLEY FIEILDING

38 — Plage à marée basse. — Aquarelle.

FIEILDING

(NEWTON)

39 — Chasse. — Aquarelle.

FRANCIA (père)

40 — Bateau échoué sur une plage à marée basse. — Aquarelle.

FRANTZ

41 — Intérieur d'une cour arabe. — Aquarelle.

42 — Barque de pêcheurs sur la plage. — Aquarelle.

43 — Marée basse. — Aquarelle.

GAVARNI

44 — Innocence. — Aquarelle.

GÉRICAULT

45 — Chevaux en promenade. — Aquarelle.

GIRARD

46 — Cour de ferme. — Aquarelle.

GRANET

47 — Prédication dans un cloître. — Aquarelle.

GUDIN

48 — Bâtiment en pleine mer. — Aquarelle.

HARPIGNIES

49 — Paysage au printemps. — Aquarelle.

50 — Chemin dans les bois. — Aquarelle.

HOGUET

51 — Moulin au bord d'une rivière, effet de brouillard. —
Aquarelle.

LAMI

(EUGÈNE)

52 — Hussard blessé dans un combat et soutenu par deux
soldats. — Aquarelle.

LEBAS

(HIPPOLYTE)

53 — Plage bordée de rochers. — Aquarelle.

MARTIN

(JOHN)

54 — Orphée. — Sépia.

MARTIN

(PAUL)

55 — Mare dans un bois. — Aquarelle.

MICHALOWSKY

56 — Chaise de poste attelée de quatre chevaux. — Aquarelle.

57 — Cheval de poste prêt à être attelé et tenu en main par un garçon d'écurie. — Aquarelle.

NOEL

(JULES)

58 — Village en Bretagne. — Aquarelle.

D'ORSCHWILLER

59 — Gibier, fruits et légumes dans un cellier. — Aquarelle.

OUVRIÉ

(JUSTIN)

60 — Vue prise à Bruges. — Aquarelle.

61 — Canal de Reyswich près la Haye. — Aquarelle.

PILS

62 — Cuirassiers au camp. — Aquarelle.

63 — Un troupier au Jardin du Luxembourg. — Aquarelle.

REDOUTÉ

64 — Papillon sur une rose. — Aquarelle.

ROQUEPLAN

65 — Voiture de roulier et chevaux de halage sur une route. — Sépia.

66 — Paysage au soleil couchant. — Aquarelle.

ROUARGUE

67 — Vue de Saint-Nicolas-des-Champs à Paris. — Aquarelle.

68 — L'Hôtel de Sens à Paris. — Aquarelle.

SCHEFFER
(ARY)

9 — Le Christ au Prétoire. — Aquarelle.

70 — L'Adoration des bergers. — Sépia.

SEBRON

71 — Intérieur du chœur d'une église d'Italie. — Aquarelle.

TAPIRO

72 — Femme italienne dans la campagne. — Aquarelle.

TROYON

73 — Halte de bohémiens. — Aquarelle.

74 — Plage à marée basse. — Pastel.

VERNET
(HORACE)

75 — Postillon à cheval. — Sépia.

VILLERET

76 — Intérieur d'église. — Aquarelle.

77 — Tour d'une vieille église en Normandie. — Aquarelle.

78 — Intérieur d'église. — Aquarelle.

WYLD

79 — Vue prise aux environs de Strasbourg. — Aquarelle.

ÉCOLES BELGES, HOLLANDAISE ET ALLEMANDE.

ABELS

80 — Environs de Dordrecht, effet de soleil couchant. — Aquarelle.

ACKENBACK
(ANDRÉ)

81 — Coup de vent après la pluie en pleine mer. — Aquarelle.

BLES
(DAVID)

82 — Le Cadet de famille. — Aquarelle.

83 — Prête à sortir. — Aquarelle.

84 — Gentilshommes après boire. — Sépia.

BLOMMERS

85 — Pêcheuses se disputant sur la plage (Hollande). — Aquarelle.

BOSBOOM

86 — Intérieur d'une église protestante en Hollande. — Aquarelle.

87 — Service dans une église catholique en Hollande. — Sépia rehaussée.

88 — Sacristie dans un couvent. — Sépia.

DE BRACKELEER

89 — Le voleur de raisin. — Sépia.

CESAR DEL AQUA

90 — Glaneuses. — Aquarelle.

C. DE COCQ

91 — Gibier mort. — Aquarelle.

COOL

(F.-S.)

92 — Paysanne revenant de la messe et passant à travers un champ de blé. — Aquarelle.

93 — Le peintre Van Cuyck en prison (xviii° siècle). — Aquarelle.

94 — Paysan hollandais regardant par une fenêtre. — Aquarelle.

DIELMANN

95 — L'écheveau de fil, scène allemande. — Aquarelle.

GAUERMANN

96 — Etude de renards. — Aquarelle.

GÉNISSON

97 — Prédication daɴs une église en Belgique. — Aquarelle.

GREIVE

98 — Vue d'Amsterdam. — Aquarelle importante.

HENGSTENBURG

99 — Etude de plantes. — Aquarelle.

100 — Etude de chardons. — Aquarelle.

KAEMMERER

101 — L'heure du rendez-vous. — Aquarelle.

KNIP

102 — Le Mont Blanc, vue de la vallée de Chamouny. — Aquarelle.

103 — Intérieur de forêt. — Aquarelle.

104 — Chèvre sur la lisière d'un bois. — Aquarelle.

KOBELL

(J.)

105 — Animaux paissant près d'une mare (Hollande). — Aquarelle.

106 — Paturage hollandais. — Lavis.

KOELMAN

107 — Vaches au bord de l'eau. — Aquarelle.

KRUSEMAN

108 — Paysans napolitains. — Dessin.

LANGENDYCK

(E.)

109 — Episode de la guerre dans la Nord-Hollande, 1799,
marche de troupes. — Aquarelle.

110 — Episode de la guerre dans la Nord-Hollande, 1799,
charge de cavalerie. — Aquarelle.

111 — Episode de la guerre dans la Nord-Hollande, 1799.
Occupation d'un village par les Anglais. — Aquarelle.

112 — Episode de la guerre dans la Nord-Hollande, 1799.
Combat entre les Anglais, les Russes et les Français. — Aquarelle.

113 — Entreprise de nuit pour déloger les troupes an-
glaises du village de Krabbendam en Zélande, 1799.
— Aquarelle.

114 — Pillage d'un village dans la Zélande. — Lavis.

115 — Sortie de la garnison de la forteresse de Maestricht et explosion d'une mine. — Lavis.

116 — Combat entre cavaliers et fantassins. — Lavis.

117 — Attaque de la voiture et de l'escorte de l'ambassadeur anglais par des brigands, 1799. — Aquarelle.

118 — Episode de la descente des Anglais dans la Nord-Hollande. — Aquarelle.

119 — Pillage d'un cloître dans la province de Brabant. Hollande, 1760. — Lavis.

120 — Attaque d'un convoi militaire. — Lavis.

121 — Un bivouac. — Aquarelle.

122 — Une reconnaissance militaire. — Lavis.

123 — Prise d'un village et incendie de l'église. — Aquarelle.

LANDSHEER

124 — Marche de troupes. — Aquarelle.

LIESTE

125 — Paysage suisse.

LEITCH

126 — Vue d'Édimbourg. — Aquarelle.

LEYS

127 — Un jour de kermesse dans un village hollandais.
— Aquarelle.

MADOU

128 — Espion amené devant un capitaine. — Aquarelle.

129 — Les nouvelles. — Aquarelle.

130 — Deux amis. — Aquarelle.

MAUVE

131 — Intérieur d'étable. — Aquarelle.

MEYER

(LOUIS)

132 — Plage à marée basse. Effet de soleil couchant. —
Sépia.

MIÉRIS

(FRANÇOIS)

133 — Jeune femme malade. — Dessin.

NOEL

134 — En vendange. — Aquarelle.

OMMEGANCK

135 — Pâtres gardant des troupeaux dans la campagne. — Sépia.

PIENEMAN

136 — Christophe Colomb abordant au nouveau monde. Composition importante. — Aquarelle.

ROCHUSSEN

137 — Le coup de pistolet. — Sépia.

138 — Sur les dunes de Scheveningue. — Aquarelle.

SCHELFHOUT

139 — Bateau arrêté sur les bords d'un canal (Hollande).
— Aquarelle.

140 — Bûcherons sur la lisière d'un bois bordant un
canal, effet d'hiver. — Aquarelle.

141 — Tour en ruine au bord d'un canal glacé. —
Aquarelle.

142 — Bateau en mer sur les côtes de la Hollande. —
Aquarelle.

143 — Paysage en Hollande, effet d'hiver. — Aquarelle

144 — Un canal en hiver. Hollande. — Aquarelle.

145 — Barque en pleine eau. — Aquarelle.

SCHMIDT
(h.)

146 — La résurrection de la fille de Zaïre. — Aquarelle.

SCHOLTEN

147 — La partie d'échecs. — Aquarelle.

SCHOTEL
(J.-C.)

148 — Le coup de vent.

La canonnière hollandaise commandée par le lieute-
nant Van Speyck, faisant partie de l'escadre hollandaise qui bloquait la ville d'Anvers, est jetée près du
quai par un fort coup de vent, le 5 février 1831. —
Lavis.

149 — L'explosion.

Au moment où les belges allaient s'emparer de
son bâtiment, le capitaine Van Speyck le fait sauter.
— Lavis.

150 — Bords de la Meuse et chantier de construction, près
d'Amsterdam. — Lavis.

151 — Bâtiments en pleine mer recevant un grain. —
Lavis.

152 — Bâtiments en mer. — Lavis.

153 — La rentrée au port. — Lavis.

SPOEL

154 — Arrivée du prince Guillaume IV à Rotterdam, en
1734. — Aquarelle importante.

STORTENBEKER

155 — Petite fille gardant des vaches et des moutons au
bord de la mer. — Aquarelle.

TAMAR TESTAS

156 — Jeune femme arrivant à l'église. — Aquarelle.

TEN-KATE

(HERMANN)

157 — Querelle dans un cabaret. — Aquarelle.

158 — Intérieur d'une famille de pêcheurs hollandais. —
Aquarelle.

159 — Un concert en famille. — Aquarelle.

TETAR van ELVEN

160 — Vue extérieure de la cathédrale de Milan. — Aquarelle importante.

TOM

161 — Troupeau de moutons dans la campagne. (Italie.)
— Sépia.

162 — Troupeau de vaches s'apprêtant à passer un gué.—
Aquarelle.

Van den HELM

163 — Un gros temps sur la Meuse. — Lavis.

Van der GRIENT

164 — Une Rue, effet de nuit. — Aquarelle.

Van der VEN

165 — Le pauvre malade. — Aquarelle.

Van de SANDE BAKUYZEN

166 — Repos d'animaux au bord d'une rivière (Hollande).
Aquarelle.

Van de LAAR

167 — Pêcheur endormi au coin du feu. — Aquarelle.

Van LEEN

168 — Bouquet de fleurs dans un vase posé sur une balustrade en pierre dans un parc. — Aquarelle.

Van STRY

(J.)

169 — Torrent passant dans un bois. — Sépia.

170 — Moutons au repos près d'un bâtiment de ferme. — Aquarelle.

VERBOECKHOVEN

171 — Brebis, agneaux et chèvre. — Dessin à la plume.

172 — Moutons et brebis près d'une étable. — Dessin.

VERTIN

173 — Hôtel de ville de la Haye. — Aquarelle.

174 — Un marché en Hollande. — Aquarelle.

VERVEER

175 — Vieille tour au bord d'un canal dans une ville de la
Hollande. — Aquarelle.

176 — Voiture de roulier arrêtée à l'entrée d'une rue dans
une vieille ville. — Aquarelle.

WEISSENBRUCH

177 — Vue d'Amsterdam. — Aquarelle.

178 — Village hollandais au bord de l'eau. — Aquarelle.

WESTALL
(w.)

179 — Cascade dans l'Himalaya. — Aquarelle.

WISSANT

180 — Vue en Dauphiné.   Aquarelle.

INCONNU

181 — Paysage trompe-l'œil. — Aquarelle.

COPIES

BAMBERGER

(D'après BOISSIEU)

182 — Place d'un village en Italie. — Dessin à la plume.

BEAUGRAND

(D'après ARY SCHEFFER)

138 — Mater Dolorosa. — Aquarelle.

BLES

(D'après REMBRANDT)

184 — Portrait d'homme. — Aquarelle.

VERSTEEGH

D'après ***)

185 — La veillée. — Lavis.

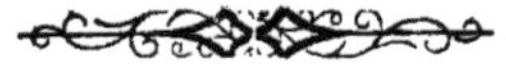

www.ingramcontent.com/pod-product-compliance
Ingram Content Group UK Ltd.
Pitfield, Milton Keynes, MK11 3LW, UK
UKHW031723170726
13836UKWH00001B/394